AF309621

AU 42.624
RENVOYÉ

CORPS LÉGISLATIF.

CONSEIL DES CINQ-CENTS.

RAPPORT

FAIT

PAR BRIOT (du Doubs),

Au nom des commissions d'instruction publique & des institutions républicaines, réunies;

Sur l'organisation des Lycées.

Séance du 27 Brumaire an 7.

REPRÉSENTANS DU PEUPLE,

Vos commissions d'instruction publique & des institutions républicaines, réunies, m'ont chargé de vous soumettre le projet d'organisation des lycées. Je viens remplir ce devoir,

3
A

& faire précéder le plan conçu par elle des quelques développemens préliminaires.

Les premières écoles créées par l'acte constitutionnel étoient la dette rigoureuse du corps social envers chacun de ses membres : mais si l'on recherche ce que doivent être au sein des sociétés politiques l'instruction & l'éducation, on se convaincra bientôt que l'avantage particulier de chaque citoyen & l'intérêt de l'Etat se réunissent pour exiger que les plus grands développemens soient donnés à l'enseignement public ; on verra des idées simples devenir la base d'un bon système d'instruction, & tracer une démarcation naturelle entre les diverses parties de son organisation.

Échappé des mains de la nature, l'homme a besoin du développement & de l'exercice de ses facultés ; il doit apprendre à connoître ses droits, à en user, à les défendre ; il faut aussi qu'il soit instruit de ses devoirs envers les autres, & qu'il acquière les moyens de les remplir. Voilà le but des premiers degrés d'enseignement, & il n'est pas inutile d'observer que les devoirs réciproques des individus s'accroissent en proportion des progrès de la civilisation, que la société exige davantage des membres qui la composent, à mesure qu'elle devient plus grande & plus éclairée, & que par conséquent elle leur doit plus de soins & d'instruction.

Mais l'Etat est un tout individuel qui veut aussi se développer & s'étendre ; il n'existe, ne s'agrandit que par une réunion de forces & de moyens qui doivent s'accroître en raison de ses efforts : ce grand corps, ayant besoin d'une multitude de leviers & de rouages divers, est obligé de les créer & de les proportionner aux obstacles à surmonter, aux frottemens à rencontrer : mais le génie s'enflamme, prend un essor & s'élance dans les espaces ; chaque portion de lumière & de force acquise par un citoyen augmente les lumières & la puissance du corps politique ; & de même que l'individu croissant en force doit étendre son instruction, de même aussi plus les sociétés s'éclairent & s'agrandissent, plus elles doivent répandre les lumières.

Il est donc, je ne dirai pas de l'avantage de la société, mais il est de son plus grand intérêt, mais il est de son devoir de donner à l'enseignement public les plus grands développemens, de créer tous les moyens possibles de perfectionner toutes les facultés humaines, d'augmenter toutes les connoissances.

On a dit que les hommes de génie s'étoient formés dans leurs cabinets : je crois bien que, quand dans les écoles tout contribuoit à étouffer & à refroidir le génie, il a été obligé de chercher ailleurs des alimens : mais on ne compte pas combien de talens se sont formés & agrandis dans les écoles & au milieu des académies ; on ignore combien d'autres talens sont morts, à jamais perdus & ignorés, parce qu'il leur a manqué une circonstance ou un maître pour les réveiller. Ne seroit-ce point dans un musée que le génie de Corrége, animé par l'aspect du tableau d'un grand maître, lui apprit que la nature l'avoit fait peintre ?

On a ajouté qu'il ne falloit pas calculer la force & la puissance d'un peuple sur le nombre de ses écoles : cette idée n'a peut-être pas été méditée avec assez de profondeur ; je ne craindrai pas trop de me tromper, en avançant au contraire, que la force d'un peuple, sa durée, sa splendeur sur-tout, dépendent de la nature & de l'influence de ses écoles, & de l'impulsion que ses institutions sayent donner à l'opinion.

S'il étoit besoin de donner de plus grands développemens à ces vérités, l'histoire fourniroit une foule de faits pour les appuyer ; & si elle paroissoit en offrir quelques-uns capables de servir à une opinion opposée, il resteroit toujours à ses partisans à expliquer comment tant de nations foibles ont influé sur des nations plus puissantes ; commen le peuple, naguere encore le plus avancé en économie politique, le plus puissant par les ressorts de son administration, est précisément celui d'où nous ont été transmises presque toutes nos connoissances dans ces deux importantes parties.

Les anciennes écoles ont été attaquées avec bien de la raison; il falloit attaquer davantage leur institution. En les créant pour l'enseignement, on sembloit leur avoir défendu le perfectionnement de la science; on les avoit circonscrites dans un cercle étroit, duquel elles ne pouvoient sortir, ni pour remonter aux élémens primaires des sciences & à la création des bonnes méthodes, ni pour descendre aux divers développemens de ces mêmes sciences & au perfectionnement de la raison humaine. Qu'est-il résulté de ce vice radical? presque toutes les écoles, les plus célèbres même, sont restées ce qu'elles étoient dans leur organisation primitive, tandis que tout s'éclairoit & s'avançoit autour d'elles. Quand l'enseignement public est en arrière de son siècle & de son époque, c'est bientôt un crime de le précéder: la secte des pédans est la plus exclusive & la plus intolérante; on a vu ce qu'ils savent faire quand une ignorance & des intérêts communs les unissent à l'autorité.

Les fastes des académies nous retracent d'immenses services; peut-être furent-elles aussi flétries par quelques grands ridicules; mais la voix seule de l'académie de Dijon, réveillant le génie de Rousseau, & donnant Emile à l'univers, rendroit à jamais leur souvenir cher à tout ami des sciences & de l'humanité.

Des réflexions aussi simples établissent la nécessité de ces grandes écoles où toutes les sciences peuvent être étudiées & approfondies, où leur réunion les agrandit encore & les développe l'une par l'autre.

Parmi ces diverses sciences, les premières sont d'une nécessité plus universelle, plus habituellement sentie; les secondes, quoique d'une utilité moins générale, contribuent à procurer de grands avantages à l'Etat, à jeter un grand éclat fur une nation : plufieurs importent à l'induftrie, aux fpéculations particulières dont fe compofent en dernière analyfe l'induftrie nationale & les reffources de l'Etat; plufieurs donnent des fecours indifpenfables dans les divers momens de la vie : les unes font la clef de quelques autres; celles-ci, le complément des premières; enfin, celles même qui ne font que d'agrément particulier apportent encore quelque tribut à la maffe commune, & il eft avantageux à la fociété d'en ouvrir la carrière à ceux dont le génie s'eft formé pour elles.

Un des plus grands bienfaits de la conftitution eft la création des écoles publiques : vous voulez fur-tout compléter l'organifation des premières & lui donner tous les avantages dont elle peut être fufceptible; mais vous n'aurez pas plutôt terminé vos travaux fur cet important objet, que vous vous emprefferez d'organifer les lycées & les écoles fpéciales.

Nous ne penfons pas qu'on fonge à contefter la néceffité de cette organifation. Les écoles centrales, trop multipliées peut-être, ne pourront guère donner, fur-tout dans quelques parties, que des notions élémentaires : les profeffeurs recevant les élèves des mains des profeffeurs primaires, ou des mains d'inftituteurs particuliers moins inftruits & prefque toujours dangereux, obligés de circonfcrire leurs cours dans les bornes de l'année fcholaire, ne feront que rarement à portée de donner à quelques - unes de leurs leçons tous les développemens qu'elles exigent; &, dans ce cas même, ils ne feroient entendus que par quelques-uns de ces fujets heureufement doués par la nature, que leur fagacité & leur laborieufe ardeur élèvent au-deffus de la médiocrité.

Combien de fciences auffi, combien de diverfes parties même abfolument indifpenfables, dont vous ne pouvez pas placer l'enfeignement dans les écoles centrales; fans multiplier d'une manière ruineufe pour l'Etat des chaires que peu d'hommes feroient capables de remplir, & près defquelles fur-tout la fociété n'a befoin de réunir qu'un petit nombre d'élèves !

C'eft principalement pour l'enfeignement des fciences philofophiques & politiques que cette organifation devient plus urgente & plus indifpenfable : nous n'avons prefque rien qui remplace à cet égard les anciens établiffemens : fi la fuperftition, s'écroulant fous le poids de fes forfaits, a juftement entraîné dans fa ruine les écoles de théologie, fi l'enfeignement de la médecine a furvécu & s'eft même perfectionné, l'étude de la légiflation & de la jurifprudence a été prefque entièrement négligée : c'eft cependant chez un peuple libre & fous un gouvernement populaire que le droit public, les principes de la légiflation & de l'économie politique doivent être plus univerfellement médités, approfondis & développés. Ce feroit bientôt pour nous une honte infigne, fi cette fcience protectrice de la liberté des nations avoit moins de chaires au milieu de nous que dans les écoles d'Allemagne. En nous conteftant donc la néceffité des lycées, il faudroit réclamer avec nous la prompte formation d'écoles fpéciales pour les fciences philofophiques & politiques ; & on fent facilement qu'il doit y avoir entre ces écoles & nos vieilles écoles de droit la même différence que celle que la poftérité remarquera entre la République & le royaume de Louis XVI.

Il n'eft pas néceffaire d'infifter long-temps fur les principes qui doivent fervir de bafe à l'organifation de l'inftruction publique : cette partie eft une de celles fur lefquelles on a le plus écrit ; & fi ce n'eft pas celle qu'on a le plus approfondie, on ne peut pas contefter que les hommes les plus éclairés des précédentes légiflatures n'aient fingulièrement facilité nos méditations & notre marche par les lumières qu'ils nous ont laiffées. Parmi tant de conceptions fi recommandables, je ne fais quel fentiment mêlé de douleur & d'admiration ramène fouvent vers les plans de Condorcet : cet homme célèbre formoit l'inftruction publique à la deftruction de la monarchie, fon corps enfeignant devoit étouffer la royauté & la superstition entre ses bras nerveux; il seroit peut-être en ce moment dangereux pour la République, incompatible avec la constitution, impossible à organiser dans plusieurs de ses parties; mais Condorcet a établi les véritables principes, & c'est en grande partie dans ses écrits qu'il faudra puiser les idées saines & philosophiques sur cet important objet de nos travaux.

Nous nous sommes indignés souvent des retards survenus dans l'organisation de l'instruction publique, & de la plus grande partie de nos institutions; représentans du peuple, les générations qui nous suivent s'applaudiront de cette heureuse lenteur: au milieu des troubles de la révolution, toute espèce d'organisation auroit été trop dépendante des préjugés, des hommes & des circonstances; nos institutions, échappées alors imparfaites du volcan révolutionnaire, seroient déjà en quelque sorte discréditées, & n'auroient plus cette influence que leur assurent l'expérience, le besoin général & les progrès de la philosophie. Parmi les divers plans d'instruction publique proposés jusqu'à ce jour, il n'y en a aucun qui n'eût été froissé par les événemens, entraîné par de grands frottemens, attaqué par la découverte de quelque vérité nouvelle. Les hommes de l'ancien régime n'auroient pas été assez éclairés, assez régénérés pour remplir les places de l'enseignement républicain, & l'édifice, bâti de pièces incohérentes, formé de matériaux monarchiques, s'écrouleroit peut-être en ce moment malgré vos efforts, sans qu'il fût bien facile de le relever.

Disons aussi que s'il est un temps où une nation n'ait aucun besoin d'école & d'instituteurs, c'est l'époque d'une révolution: alors toutes les idées se bouleversent & s'épurent; toutes les vérités comme tous les préjugés s'examinent & se discutent; alors toutes les têtes bouillonnent, toutes les ames se répandent; les obstacles sont franchis aussitôt qu'apperçus, les projets exécutés avant même d'être entièrement conçus; alors l'esprit s'élance au-devant des découvertes, dévore l'instruction, renverse, déplace, crée; recueille & amoncèle des faits, des vérités, des erreurs, des observations ; se forme une manière de voir, d'agir, une méthode enfin exacte ou erronée, mais qui amène toujours quelques résultats utiles : alors il faut que l'enseignement soit nul ou il est mauvais (à moins qu'il ne s'exerce sur des objets totalement étrangers à la révolution); alors il est bon que chaque individu soit livré à ce qui l'entoure, à ce qu'il voit, à l'expérience même de ses erreurs & de ses fautes ; alors le maître est sans moyens comme sans influence, circonscrit dans sa méthode & dans ses vieux principes il n'est plus entendu ; opposé, il parle dans le desert ; suivant le torrent, il devient écolier lui même avec d'autant plus de désavantage qu'il se souvient de sa qualité de maître : à peine quelques uns ont assez de génie pour concevoir le projet de s'emparer du mouvement & de le diriger, & dans ce cas encore leur méthode sera celle du pilote au milieu de la tempête, qui consiste dans l'art d'y céder avec le moins de perte & de danger possible.

D'ailleurs, si de pareils instans sont quelquefois perdus pour l'instruction, ils ne le sont jamais pour l'éducation ; & je ne craindrois pas d'avancer un paradoxe en affirmant que la grande école des événemens étoit incompatible avec les écoles d'enseignement. Quelques années de révolution présentent presque toujours une distance de quelques siècles. Les révolutions sont la gymnastique des peuples. Quelles grandes leçons nous avons reçues en peu de temps, & quelles traces profondes elles ont laissées dans les esprits ! Quelle école que l'école de la révolution ! comme elle a admirablement régénéré & préparé les hommes ! combien de talens elle a fait éclore ! combien de ressorts nouveaux elle a créés ! Ces grandes idées, ces principes, ces théories, à peine connus par quelques hommes du premier ordre, sont devenus des vérités pratiques & familières ; le contrat social, incompréhensible pour une partie de nos anciens légistes, est devenu le catéchisme du peuple ; vos jeunes gens riroient de pitié à l'aspect seul du pédant qui leur inspiroit naguère les sentimens de l'effroi ou d'une vénération stupide. S'il falloit avouer qu'il y a parmi nous moins de savans du premier ordre, ce dont je suis éloigné de convenir, qui de vous ne s'éleveroit aussitôt pour attester en réponse que la généralité des citoyens est plus éclairée, mieux pensante, plus industrieuse, plus capable de grandes choses, plus rapprochée de toutes les vérités, de tous les genres de conceptions, qu'elle ne l'étoit il y a seulement dix ans ?

Aujourd'hui le besoin d'instruction est généralement senti ; il ne l'étoit pas pendant la révolution. La preuve de ce fait, c'est que vos écoles commencent à se peupler, qu'on les voit fréquentées même par des gens qui n'aiment pas les institutions républicaines, tandis que, pendant la révolution, les écoles de toutes les couleurs & de tous les partis étoient presque entièrement abandonnées. Si on excepte cette portion abâtardie de la jeunesse française, troupeau servile & adulateur d'une poignée de femmelettes corrompues qui la dégradent, tous les jeunes citoyens sentent le prix du talent & des connoissances ; ils éprouvent le besoin d'exister, d'avoir un état, de la fortune, de l'indépendance, de la considération ; ils savent qu'il n'y a pas deux moyens d'en acquérir, & que la gloire ainsi que la probité, le talent de même que la fortune, ne sont ni dans les tripots ni dans les ruelles. Quelles circonstances plus favorables pour organiser l'enseignement public !

Nos écoles centrales ont peut-être plus rendu de services depuis deux ans, plus avancé les progrès de l'enseignement public, que les anciens colléges n'avoient fait pendant cent ans. Cinq ans ne seront pas écoulés, & les lycées que vous allez organiser auront plus fait pour les sciences que toutes les universités & toutes les sorbonnes que tant de gens affectent de regretter.

Ce seroit peut-être ici le lieu, citoyens collégues, d'apprécier quelques-unes des déclamations hypocrites que tant de gens se sont permises contre la révolution, & de discuter les reproches d'ignorance & de vandalisme que les ennemis de la République se plaisent tant prodiguer à ses défenseurs. Cette époque de la révolution, qui nous rappelle de grands crimes & des pertes dont nous gémissons chaque jour, marquera aux yeux de la postérité, par des exploits plus grands encore. Ce *Muséum* national digne de la nation qui l'a créé, & du génie dont il conserve les chefs-d'œuvre; ces pièces qui ont honoré la scène régénérée & enflammé tous les cœurs de haine pour la tyrannie, que l'enthousiasme accueille dans d'autres républiques, tandis que notre foiblesse les laisse proscrire sur nos théâtres; ces hymnes énergiques, ces chants de gloire & de triomphe qui, dans nos camps comme dans nos plaines, au milieu des combats comme dans les fêtes nationales, électrisoient les enfans de la liberté, enfantoient le courage, inspiroient l'héroïsme, récompensoient la vaillance & la vertu; l'agriculture, la chimie, encouragées, perfectionnées; la télégraphie annonçant la fuite honteuse des étendards ennemis, & reportant en quatre heures aux vainqueurs de Condé les palmes accordées par les représentans de la France; l'art aérostatique dirigé par le génie du vainqueur de Fleurus & prenant part aux trophées des guerriers; le salpêtre s'échappant des entrailles de la terre, & presque aussitôt foudroyant les armées des rois; l'école des enfans de la patrie, l'institut militaire des invalides, s'élevant au milieu des dissensions civiles, & promettant au guerrier mourant au champ d'honneur un appui, une mère pour ses enfans, & à la République des élèves pour la défendre un jour; l'école militaire des Sablons, près de laquelle semblèrent veiller les génies qui, à Sparte & chez les Perses, présidoient à l'éducation des guerriers.... Toutes ces institutions, & d'autres que j'omets encore, Représentans du peuple, voilà ce que la postérité, plus juste que les passions contemporaines, ne regardera pas comme l'ouvrage d'une poignée de Vandales.

A-t-elle donc été bien plus favorable aux sciences & à la civilisation, cette autre époque où je ne sais quelle misérable secte de petits hommes affectoit de répandre sur les sciences des pleurs qu'elle n'osoit trop publiquement encore offrir à la monarchie, où pour obtenir le brevet de savant il ne falloit que prononcer le mot de *vandalisme* & de *vandale*, & évoquer l'ombre de Lavoisier,....? Ils nous reprochent des malheurs & des destructions; ils triomphent parce que les débris du colosse royal ont entraîné en s'écroulant des établissemens qu'il auroit fallu ménager, des hommes qu'il auroit fallu révérer & défendre. Non, citoyens législateurs, ce n'est pas avec de pareils hommes que nous voulons pleurer sur l'urne révérée de Condorcet: son ombre républicaine se souleveroit contre leurs regrets hypocrites; elle leur diroit d'une voix lugubre : « Vous » avez souri quand vous avez vu un républicain frappé » au nom de la République ; lâchés vous n'avez pas même » fait grace à Bailly, vos outrages ont profané sa » tombe ».

Etoit-ce donc pour favoriser les progrès des arts qu'ils assassinoient Dorfeuille, qu'ils persécutoient & flétrissoient plusieurs de nos premiers artistes dramatiques ? étoit - ce au nom des sciences qu'ils vouloient dresser l'échafaud de cet homme célèbre qui a rendu Condillac à notre siècle? Etoit-ce par zèle pour les lettres qu'ils proscrivoient le courageux & infortuné Louvet, qu'ils déversoient l'opprobre sur un des meilleurs poètes de la révolution, parce que tous deux indignés contre les égorgeurs, avoient fait entendre le cri de la justice & de l'humanité? Etoient-ils bien philosophes, ces hommes qui, abreuvés du sang d'une des plus respectables victimes du royalisme, voulurent anéantir le calendrier républicain parce que c'étoit lui qui l'avoit présenté à la tribune.....? Ils se font dit les restaurateurs des sciences & des arts ; ou font donc leurs conceptions, leurs établissemens, leurs trophées littéraires....? Ils ont donné aux belles-lettres le *Réveil du peuple* & l'*Intérieur des comités révolutionnaires* ; à la philosophie la réfutation d'Helvétius & la traduction du Psautier; à la morale les

homélies de Jordan ; à la légiſlation les poteaux conſtitu-
tionnels ; à la République enfin le deuil & les aſſaſſinats....
Enfans des Français régénérés, quelque jour vous jugerez
vos pères, vous prononcerez entre les républicains & leurs
aſſaſſins ; vous direz de quel côté furent le courage & la
vertu, où ſe trouvèrent au contraire la baſſeſſe & l'in-
famie.

Sans doute, citoyens repréſentans, bien des hommes
éclairés ont été cruellement froiſſés par la révolution ; mais
falloit-il confondre avec ſes principes les abus qui en étoient
la ſuite & des crimes qu'elle n'a jamais avoués ? combien
n'y a-t-il pas de gens de lettres auxquels la patrie a droit
de reprocher bien des torts, ou une honteuſe inaction ?
quels hommes devoient nous ſervir de guides aux jours
de notre régénération, ſi ce n'eſt ceux qui connoiſſent tous
les faits héroïques, qui apprécient toutes les conceptions
ſublimes, & qui ſont brulés par la ſoif de la gloire & de
la célébrité ? Eh ! qu'importent les injuſtices & les perſécu-
tions contemporaines à quiconque ſent en ſon ame l'a-
mour des hommes & le courage du devoir ? les cendres de
Deſcartes rapportées dans le ſein de ſon ingrate patrie,
la ſtatue décernée à J.-J. Rouſſeau, la pompe triomphale
de Voltaire, le dôme majeſtueux du Panthéon, tout crioit
aux ſavans : « Ayez du courage ; défendez les droits des
» peuples, éclairez le monde, la poſtérité vous regarde ;
» & ſi vous êtes malheureux, elle vengera votre mémoire
» & illuſtrera vos tombeaux. » L'homme vulgaire agit par
l'attrait des récompenſes & l'impulſion de l'intérêt, mais
celui qui eſt digne de faire du bien aux hommes, n'en-
viſage que le peuple & les générations futures ; & quand
tout s'écrouleroit à la fois autour de lui, ſur la terre &
dans l'avenir, eh bien, en ſe couvrant de ſon manteau,
il ſe replie dans ſa conſcience & s'enveloppe de ſa vertu.
Cet illuſtre Romain dont le nom eſt également cher à l'é-
loquence, à la philoſophie & à la liberté, abandonna-t-il
la cauſe populaire au retour d'un honteux exil ? le vit-on

pactifer avec Verrès ou avec les fucceffeurs de Catilina, balancer pour fe rendre au camp de Pompée, craindre de braver la mort pour combattre un tyran ? Savans, voilà votre modèle : vos têtes pouvoient tomber fous le fer d'Antoine ; c'eft encore là qu'étoient la gloire & l'immortalité.

Mais les fautes & la pufillanime négligence de plufieurs hommes éclairés ne font que nous rendre plus chers tous ceux qui, attachés au char de la révolution, ont confacré leurs plumes & leurs veilles à accélérer les progrès de la raifon publique ; ces hommes qui, étrangers aux malheurs publics & aux crimes des factions, n'ont penfé qu'à propager, à développer les idées faines & les conceptions généreufes. Ah ! qu'ils jouiffent des lauriers par eux mérités ; qu'ils reçoivent, en ce jour, nos actions de graces : ce font ces hommes dont la patrie réclame les fecours, qu'elle appelle dans fes écoles, auxquels elle veut confier le foin de confolider fon exiftence & d'affurer fa fplendeur. Qu'ils s'empreffent donc de nous apporter le tribut de leurs talens & de leur expérience ; que leur raifon devienne, s'il eft poffible, la raifon publique, & leurs connoiffances la fcience de tous les citoyens.

C'eft à eux fur-tout qu'il appartient de nous donner ces méthodes élémentaires & philofophiques, fi ardemment defirées par tous les bons efprits. Un homme dont le nom doit être prononcé avec refpect par tout inftituteur, qui a été aux fciences ce que Defcartes fut à la philofophie, & J.-J. Rouffeau à l'art focial, Condillac, a ouvert la carrière la plus belle & la plus étendue. Profeffeurs, ofez vous y lancer ; la raifon vous conduira par les routes de l'analyfe : en créant des méthodes nouvelles, des traités élémentaires & complets, vous épargnerez à la jeuneffe bien des travaux fuperflus, bien des recherches vaines, vous utiliferez pour des découvertes nouvelles des momens fagement économifés, vous leur épargnerez l'étude fouvent ftérile des anciennes erreurs pour les élever plus rapidement à la hauteu des conceptions du génie.

Repréſentans du peuple , ce ſera un des premiers ſuc-
cès que vous obtiendrez en organiſant les lycées; ce ſont ces
écoles qui donneront aux ſciences tous les développemens
qui peuvent les utiliſer & les agrandir, où ſe feront les
diſcuſſions les plus importantes, les expériences les plus
utiles, là où ſe compoſeront les bons traités.

En général, ce n'eſt que dans les écoles que ſe ſont les
bons livres élémentaires : nous trouvons, ſans doute des conceptions, de l'ordre, des développemens, dans les ouvrages
des ſavans; mais je ne crains pas d'avancer que nul ne peut
faire un bien bon traité ſur un art ou une ſcience quel-
conque, & en donner des notions toujours claires & utiles,
s'il n'a fréquenté les écoles & acquis quelque expérience
dans l'enſeignement public. Ce n'eſt qu'en rempliſſant les
fonctions honorables d'inſtituteur qu'on apprend à ſuivre la
marche, les opérations, les progrès de la raiſon humaine,
qu'on ſe forme à l'art plus difficile qu'on ne penſe de ſe faire
entendre. Les hommes de génie de tous les ſiècles ont eu
ſouvent beſoin de commentateurs qui les mettent à portée
de la maſſe des autres hommes, & il n'eſt pas hors de propos de remarquer que la plus grande partie d'entre eux ont
éprouvé le beſoin de tracer les élémens de leur art, d'expliquer les reſſorts de leur talent, en un mot de travailler à
l'éducation publique. Si les noms d'Ariſtote, de Cicéron,
de Deſcartes, de Bacon, de J.-J. Rouſſeau, de Condillac,
de Thomas, ſont invoqués par tous les hommes éclairés,
profeſſeurs, voilà auſſi les hommes de la nature & du génie,
les inſtituteurs des ſiècles : riches de leurs lumières & des
progrès de l'eſprit humain, oſez concevoir le projet de les
ſurpaſſer. Ce n'eſt pas un prince, un roi, ce n'eſt pas même
un fils chéri que vous avez à inſtruire ou à diriger; ce n'eſt
pas dans la cour d'une reine que vous avez à briller; ce
ne ſont pas les palmes d'une académie qui vous ſont offertes;
vous êtes appelés au milieu du portique de la grande nation; ce ſont les enfans des Français que vous avez à former pour la République, au milieu des trophées conquis par
leurs pères.

Ce n'eſt pas à vous., citoyens repréſentans, que nous parlerons de la néceſſité d'environner les inſtituteurs de confiance & de reſpect ; ils ſont au nombre des premiers hommes de la nation ; nous commettrons aux ſoins des magiſtrats notre fortune, notre ſûreté, notre vie ; mais c'eſt aux inſtituteurs que nous confions ce qui fait la ſûreté & la gloire des états, l'opinion publique : c'eſt entre leurs mains que nous remettons nos enfans, c'eſt-à-dire, le maintien & les deſtinées futures de la République. Malheur à ceux qui ne ſentent pas le prix d'un auſſi ſublime miniſtère ! Honte & flétriſſure à l'homme mépriſable qui ne voit dans ſes fonctions qu'une place, un traitement ! Anathême au fonctionnaire prévaricateur qui, flétriſſant à la fois la raiſon & la patrie, corrompt la morale de l'enfance, prépare des ennemis à la République & des valets à la royauté ! Honneur au contraire, cent fois honneur à ces inſtituteurs eſtimables dont les veilles utiles agrandiſſent le domaine de la penſée, donnent des élèves aux ſciences, & à la liberté des défenſeurs dignes d'elle.

Les lycées dont nous propoſons l'organiſation ſont la réunion des ſciences les plus indiſpenſables & les plus généralement utiles, ſoit pour les citoyens, ſoit pour les hommes publics, quel que puiſſe être leur emploi dans la ſociété, ſoit pour la ſplendeur du corps politique lui-même. Ils ſeront le complément de l'enſeignement public, le foyer bienfaiſant d'où une chaleur régénératrice ſe répandra ſur toutes les parties de l'inſtruction nationale. C'eſt là que, nourri des premiers élémens donnés dans les écoles centrales, perfectionné ſouvent par des études particulières, on viendra s'inſtruire de tous les détails d'une ſcience ou de pluſieurs ſciences, les étudier dans leurs développemens divers, aſſiſter aux plus belles expériences ; c'eſt là que ſe formeront les ſavans, que s'élèveront les bons profeſſeurs qui doivent un jour honorer nos écoles ; c'eſt là que diverſes ſciences s'agrandiront en ſe prêtant un mutuel appui, en ſe facilitant réciproquement des développemens, plus difficiles, impoſſibles peut-être, ſans cet heureux aſſemblage.

Deux partis se préfentoient à nous : celui de divifer l'enfeignement & de le répandre dans de petites écoles, multipliées autant que poffible ; le fecond, de réunir au contraire les principales fciences dans de grandes écoles, où toutes les lumières fuffent placées les unes à côté des autres. Le premier fyftème ne nous a pas féduits : divifer les grands établiffemens d'enfeignement public, c'eft diminuer les moyens d'inftruction & les rendre nuls dans quelques parties; ce feroit enlever aux élèves la faculté de s'inftruire dans plufieurs fciences à la fois, & les forcer en quelque forte à ignorer les parties analogues à la fcience qu'ils étudient ; ce feroit établir une foule d'écoles médiocres qui, n'ayant que peu de moyens d'émualtion, peu de profeffeurs habiles ; feroient bientôt éclipfées & rendues inutiles par les fuccès de celles qui auroient plus de moyens ; ce feroit organifer les écoles plutôt pour l'intérêt de quelques localités que pour le bien de l'enfeignement. Ce qui nous a déterminés fur tout à prendre ce parti, ce font les vues d'économie, qui, fans nous avoir entièrement influencés, ce qui eût été dangereux, n'ont pourtant pas été négligées dans notre travail. Il eft plufieurs fciences fondamentales dont l'enfeignement eft indifpenfable dans chaque école ; il auroit fallu pour chacune fes bâtimens, fes penfionnats, fa bibliothèque, fon mufée, fon jardin, & peut-être d'autres acceffoires : vous voyez comment ce plan auroit multiplié la création des places & des dépenfes. Dans notre fyftême au contraire, nous avons repouffé ou négligé pour le moment la création de toute place qui ne tiendroit pas à l'enfemble, à l'inftitution fondamentale du lycée, & nous propofons même plufieurs fuppreffions dans les écoles centrales des lieux où vous jugerez à propos de placer les lycées.

La réunion des fciences dans de grandes écoles nous a paru tellement indifpenfable aux progrès & à la fplendeur de l'enfeignement, tellement avantageufe fous l'afpect de l'économie & de la civilifation, que nous vous propoferons de réunir aux lycées, comme partie intégrante, les

écoles

écoles de médecine, dont vous ordonnérez l'organisation. Si nous n'avions envisagé cette réunion que sous le point de vue de l'économie, nous vous dirions : En réunissant ces écoles, vous évitez de doubler des bibliothèques, des jardins de botanique, des laboratoires de chimie, des cabinets de physique; vous évitez de doubler les cours de mathématiques, de chimie, d'histoire naturelle, de physique, de méthode des sciences, & ces seules économies vous donneroient les moyens de créer un jour un lycée de plus. Mais la réunion de ces diverses sciences dans une même école nous a paru propre à assurer des avantages bien plus inappréciables : en effet, les mathématiques, la logique, sont devenues le fondement & la clef de toutes les connoissances humaines; l'étude des sciences morales & politiques est utile à tous, mais indispensable pour quiconque peut être appelé à remplir dans la société des devoirs ou des fonctions publiques; les connoissances littéraires facilitent, accompagnent, embellissent l'étude de toutes les sciences & de tous les arts : plusieurs sciences sont soumises aujourd'hui au calcul mathématique; la chimie s'applique avec succès aux arts, aux sciences, même à plusieurs de nos opérations vitales; la botanique peut devenir la récréation de ceux même qui n'auroient besoin d'y chercher aucun but d'utilité. Que feroient plusieurs parties des sciences médicales sans les sciences exactes, l'anatomie, la physiologie, par exemple, sans les mathématiques? Qui ne sent l'importance de l'hygiène, que nous devons rendre, s'il est possible, la science-pratique du peuple, & qui devient plus indispensable à l'homme, à mesure qu'il s'éloigne davantage de la nature & des champs ?

Ainsi, dans nos lycées, le jeune médecin pourroit s'enrichir, à son gré, des connoissances philosophiques & littéraires; l'homme de loi chercheroit dans ce qui l'entoure, les moyens d'allier les arts & les sciences à la législation; le physicien, le mathématicien, acquéreroient des notions

Rapport fait par Brot.   B littéraires, philofophiques. & médicales ; chaque élève, fortant de ces écoles , poffédéroit la fcience qu'il auroit choifie dans tous fes développemens , & feroit riche en outre de connoiffances utiles fur les mathématiques , la phyfique , la légiflation , les lettres & l'art oratoire , l'économie politique , l'hygiène . . . . . Jugez par là combien de lumières ces écoles peuvent faire réfluer dans la fociété & combien la réunion des fciences peut concourir puiffamment aux progrès de la raifon univerfelle.

Nous fommes arrivés au point où celui qui n'a approfoudi & étudié qu'une feule fcience , prétendroit inutilement au titre de favant, d'homme éclairé. Depuis la publication de l'*Encyclopédie* & le perfectionnement des fciences on a mieux fenti chaque jour l'enchaînement qui exifte entre toutes les connoiffances humaines , & c'eft encore un des traits qui caractérifent ce fiècle. Il falloit autrefois des années , la moitié de la vie , la vie toute entière, pour acquérir une fcience & fe rendre célèbre ; il falloit alors rechercher la vérité au milieu du chaos des erreurs, on ne favoit ni enfeigner ni apprendre. Simplifions les méthodes , & nous agrandirons le cercle de la vie ; donnons à d'autres fciences le temps confacré autrefois à apprendre & défapprendre des erreurs ; rapprochons l'enfeignement public de la nature & de l'efprit humain. On ne favoit pas autrefois que celui qui connoiffoit les principes d'une langue , favoit toutes les langues , & n'avoit plus que des applications à faire. Il y avoit plus loin de l'état de nature à la découverte d'une lunette d'approche que de cette lunette à l'obfervation de la planète d'*Herfchel.* Ce n'eft qu'au bout de quelques milliers de fiècles que le génie a lancé fur la terre le dogme de la fouveraineté du peuple : le premier qui a fu le concevoir & s'eft fenti la force de le développer , a dû croire à la chûte prochaine des trônes & à la poffibilité de la démocratie.

C'eft à préfent fur-tout qu'il eft poffible d'obtenir les plus grands fuccès : nous fortons une feconde fois de l'état de nature ; débarrassés des langes de notre enfance , nous sommes propres à toutes les grandes inftitutions , capables des plus grands efforts : donnez à nos écoles l'impulfion de la nature & du génie ; peuplez-les d'efprits créateurs , amis des hommes & de la gloire , & bientôt nos bibliothèques ne nous retraceront plus guère que des fouvenirs ; les plus belles conceptions , utilifées , propagées par l'inftruction , fe populariferont chaque jour ; le génie ne fera plus en quelque forte le patrimoine de quelques hommes , il fera le domaine du peuple , le régulateur de nos deftinées futures.

Je fais bien qu'il n'appartient pas à tous , que jamais on ne réalifera un peuple de favans & de raifonneurs : mais on aura un peuple éclairé & dirigé par la raifon ; le génie embrafe , éclaire & vivifie tout ce qui l'entoure ; fon heureufe influence s'étend fur tout ce qui peut réverbérer fes rayons. Elevons le peuple à la hauteur de fes fublimes conceptions , ou plutôt accoutumons le génie à parler au peuple , à vivre au milieu de lui , à le familiarifer avec fon langage : avec le peuple , il fera dans fon élément naturel ; car le génie eft effentiellement populaire & expanfif.

Nous vous propofons d'organifer cinq lycées , dont l'un feroit placé au centre , & les quatre autres dans les quatre points de la République qui vous paroîtront les plus convenables. En déterminant les lieux de placement , votre fageffe faura fe rendre inacceffible à tous les intérêts de localités pour ne voir que l'utilité générale & le bien de l'enfeignement. Après avoir examiné long-temps en quels lieux il convenoit davantage de placer les lycées , nous nous fommes déterminés à vous propofer les communes de Bruxelles , Dijon , Touloufe , Poitiers & Paris. Vous vous convaincrez peut-être facilement qu'il feroit difficile de les placer d'une manière plus convenable & plus conforme à l'intérêt des divers arrondiffemens qui pourront leur être donnés.

Les écoles de médecine faifant partie des lycées feroient

placées dans les mêmes lieux (1). Cependant une sixième école de médecine resteroit à Montpellier, où elle semble naturalisée, & où de grands succès l'ont rendue célèbre. Loin de vous proposer la suppression de cette école, nous vous engagerons au contraire de toutes nos forces à la conserver.

Trente cours différens, divisés en quatre sections, formeroient l'enseignement du lycée. La première section, comprenant les sciences mathématiques, auroit cinq professeurs; la seconde section, comprenant les sciences physiques, auroit également cinq professeurs : mais les connoissances littéraires, les sciences morales & politiques, exigeant de plus grands développemens, sur-tout chez un peuple éclairé & penseur, où les notions relatives à l'art social & à l'économie politique font essentiellement partie de l'éducation des citoyens, nous n'avons pas pensé pouvoir attacher moins de dix professeurs à chacune des sections qui les concernent.

Vous jugerez sans doute qu'il seroit superflu de donner des développemens sur chacune des chaires dont nous proposons la création ; leurs dénominations seules indiquent assez leur importance : nous n'en demandons aucune qui n'ait pour but l'enseignement d'une véritable science, d'une science utile, importante, digne d'être étudiée, dans tous ses développemens, propre à répandre de grandes lumières, & dont les notions peuvent se distribuer avec avantage dans les divers états de la société.

On pourroit objecter que nous proposons la création d'un grand nombre de chaires, & l'épuisement actuel des finances donneroit de la force à cette objection : mais toute autre

____

(1) A l'exception du lycée de Dijon, auquel on ne réuniroit point d'école de médecine, si on se détermine à conserver à Strasbourg l'école de santé qui y est actuellement existante : la crainte de détruire, tandis qu'il faut conserver, & la difficulté d'organiser une école de médecine à Dijon, semblent indiquer ce dernier parti.

création feroit néceffairement incomplète & infuffifante ; les plans préfentés jufqu'à ce jour fur l'inftruction publique demandoient un plus grand nombre de placés : il faut remarquer d'ailleurs que les lycées ne peuvent être organifés que fucceffivement ; ils entreront en activité dès que la moitié des profeffeurs feront élus ; quatre ou cinq ans peuvent s'écouler avant qu'ils foient entièrement organifés. Enfin nous créons pour l'avenir , & non pour l'inftant qui nous fuit.

On nous reprocheroit avec plus de raifon peut-être de ne pas affez multiplier les établiffemens dans un auffi grand Etat , de négliger des fciences , des branches , dont les avantages font généralement avoués. Nous le dirons franchement, citoyens repréfentans , votre commiffion auroit propofé un plan plus étendu , fi elle n'avoit pas craint de créer les places pour les hommes , & fi elle ne doutoit pas de la poffibilité de trouver dès à préfent avec facilité des hommes bien propres à toutes les places dont elle propofe la création : mais fi les fuccès des premiers lycées répondent à nos efpérances , fi une paix prochaine multiplie autour de nous les moyens de profpérité publique , fi de nouveaux befoins fe font fentir dans l'organifation de l'enfeignement , éclairés par l'expérience , il vous feroit facile d'établir de nouvelles chaires , d'en modifier d'autres , de former même de nouveaux établiffemens.

Le lycée de Paris a femblé devoir être augmenté de neuf profeffeurs. Il eft des fciences qui ne peuvent bien s'enfeigner encore que dans cette grande commune ; il en eft d'autres dont il eft intéreffant de donner de plus grands développemens, pour lefquelles il eft befoin de reffources, d'expériences qu'on chercheroit vainement ailleurs ; il eft des fciences encore prefque inconnues, & qu'il faut fe hâter de propager. L'Antropologie, par exemple , qui n'eft ni la fcience phyfique ni la fcience morale de l'homme, mais la réunion de toutes deux, & qui recherche & explique leurs rapports ; l'Antropologie s'enfeigne avec quelque fuccès dans

des univerſités d'Allemagne ; le jour où chaque citoyen con-
noîtroit bien l'influence de ſes affections ſur ſes forces phy-
ſiques , le rapport de ſes opérations mécaniques , de ſes ſen-
ſations , avec les opérations de l'entendement & les paſſions
de l'ame , on auroit fait un grand pas vers la perfection &
la ſanté de l'eſpèce humaine.

Vous ne ſerez pas ſurpris , ſans doute , d'entendre
propoſer la création d'une chaire de commerce ; nous nous
ſommes étonnés nous - mêmes que chez un peuple in-
duſtrieux , qui doit chercher dans le commerce une des
ſources les plus ſûres de ſa proſpérité , on ait négligé de
donner des élémens de cette ſcience , plus néceſſaire dans
une démocratie que dans tous les autres états. Celui qui
regarde le commerce comme un art mécanique ou une
ſcience de chiffres , peut bien garder une boutique ou
agioter à la bourſe : mais ce n'eſt pas aux yeux de cet
homme que le génie de l'induſtrie fera briller ſon divin
flambeau. Le profeſſeur qui ne feroit , pendant les premières années , que développer & analyſer les principes
de Raynal expliquer les cauſes & les effets de l'induſtrie
nationale , & ſes rapports avec celle des autres nations ,
mettre un peu à contribution les veilles d'un homme
connu par des travaux utiles dans cette partie ; celui - là
auroit peut-être aſſuré bien des richeſſes à ſa patrie , &
préparé d'utiles méditations pour un ouvrage élémentaire.
Les élèves , acquérant en même temps des notions ſur les
mathématiques , la géographie ſtatiſtique , l'économie politique , les langues vivantes , ſentiront bientôt avec quelle
facilité leurs conceptions & leur audace peuvent rendre les
autres hommes tributaires de leurs reſſources & de leur
induſtrie.

Deux modes d'élection ſe ſont offerts pour la première
formation des lycées : celui de confier au Directoire
exécutif le choix du premier tiers des profeſſeurs ; &
celui d'appeler pour ce choix un jury compoſé d'un cer-
tain nombre de citoyens élus par l'arrondiſſement du lycée.

Le premier moyen nous a femblé préférable, comme moins fusceptible d'inconvéniens, & ayant en fa faveur l'exemple de la formation de l'Inftitut national : cependant, pour éviter toute furprife faite à la religion du gouvernement par la médiocrité qui chercheroit à l'inveftir, il a paru fage de circonfcrire les premiers choix dans l'arrondiffement refpectif de chaque lycée.

Ces choix, & ceux qui doivent enfuite compléter l'organifation des lycées, ne peuvent fe faire qu'avec beaucoup de lenteur ; & cette lenteur femble même utile & défirable : il y a d'ailleurs des parties dont l'enfeignement n'eft pas auffi urgent, & peut être différé. En déterminant que chaque lycée entrera en activité fitôt que la moitié des profeffeurs fera élue, nous abandonnerons à la fageffe du Directoire exécutif & des premiers profeffeurs le foin de remplir les chaires qui refteront vacantes à mefure qu'il fe préfentera des candidats dont les talens éprouvés & connus mériteront de fixer les fuffrages. On ne peut trop inviter le gouvernement & les profeffeurs à être difficiles dans leurs choix, & à ne nommer que des hommes fupérieurs & dignes de la haute importance qui doit être attachée à ces écoles, & en état de concourir puiffamment aux fuccès des fciences : il vaut mieux que les chaires reftent long-temps vacantes que d'être envahies par la médiocrité.

Votre commiffion a cru devoir rendre très-difficile la deftitution des profeffeurs, & leur donner une garantie contre les attaques de l'envie & de l'intrigue. Les fonctions d'inftituteur font à coup fûr les plus difficiles à remplir, & celles où la permanence des fonctionnaires eft la moins oppofée au maintien de la démocratie ; il faut que les profeffeurs, certains de conferver leurs places, autant qu'ils en feront dignes, ne s'occupent d'aucun projet capable de les diftraire de leurs intéreffantes fonctions. Les favans font étrangers aux intrigues, aux grandes agitations, fouvent incapables de repouffer les coups de la calomnie : il ne faut pas que celui qui a confacré fes veilles à l'étude, aux progrès des fciences, à la fplendeur de fa patrie, puiffe voir fes cheveux blancs flétris par une injuftice, ou par une furprife faite à l'adminiftration publique. Les foudres du Vatican, & les parlemens qui firent brûler Emile, ont également difparu fans retour ; mais dans aucun temps nous ne devons être expofés à voir reparoître quelque chofe de femblable à ces ordonnances qui profcrivoient la doctrine de Defcartes, & faifoient enfeigner la philofophie péripatéticienne. Le jour où les favans ne feroient que des adulateurs, où les inftituteurs deviendroient les efclaves de la puiffance, il faudroit déplorer à jamais l'aviliffement de l'opinion, & défefpérer des deftinées de la République.

C'eft par ces mêmes confidérations que nous propofons de fixer aux profeffeurs des traitemens capables de leur affurer une exiftence honorable. Les connoiffances néceffaires à un bon profeffeur ne s'acquièrent que par de longues veilles ; il doit faire bien des facrifices, confumer bien des années pour être en état d'enfeigner avec quelque diftinction ; il eft indifpenfable qu'il fe faffe une bibliothèque particulière ; appelé à une chaire, il importe qu'il ne foit diftrait de fes travaux par aucune fpéculation étrangère, aucun befoin dans fa famille : il doit être un favant, un inftituteur, l'homme de la patrie & de fes élèves, & rien de plus ; fouvent même toute autre occupation, tout autre genre d'induftrie aviliroit fon caractère & fes fonctions. Nous avons cru même devoir lui interdire toute efpèce dé cours particuliers ; quoi qu'on en dife, ces fortes de cours ôtent aux profeffeurs une partie de leur confidération, ne font le plus fouvent utiles qu'aux dépens des cours publics, & préfentent des idées de cupidité, de vénalité, des fpéculations d'intérêt, indécentes de la part d'un homme de lettres, & qui tôt ou tard éteignent ou dégradent le génie. L'ufage contraire feroit en vain allégué : il n'eft qu'un abus contre lequel il faudroit s'élever avec force pour l'honneur même des fciences, s'il ne falloit pas croire qu'il fera bientôt réformé par tous ceux qui ont à cœur les progrès de l'enseignement & le soin de leur propre gloire.

Enfin, l'organisation des lycées pourra être complétée par l'établissement de secours accordés aux talens pauvres, aux succès obtenus dans les premières écoles ; des prix, des encouragemens de plusieurs genres, peuvent être créés successivement, & entretenir dans les lycées & dans les écoles centrales une noble émulation, l'amour des sciences & les progrès des arts.

Nous ne présentons pas ce plan, citoyens collègues, comme plus parfait que ceux précédemment présentés ; nous ne cherchons même à établir aucune comparaison : il nous a semblé plus simple, plus exécutable, plus analogue aux circonstances, plus capable d'une utilité générale & prochaine, & plus susceptible d'accueillir sans dérangement toutes les vues, toutes les mesures qui pourroient s'offrir par la suite & tendre à des perfectionnemens graduels & successifs.

Quelque jour nous vous entretiendrons d'un grand lycée normal, où les professeurs futurs viendroient s'instruire au grand art d'enseigner. Cette sublime conception d'un génie immortel, qui peut-être auroit dû précéder tous nos établissemens d'instruction, a sans doute été plus d'une fois la matière de vos méditations ; une expérience malheureuse, mais dont bien des résultats utiles effacent le ridicule qu'on a si légèrement voulu y attacher, n'a fait que nous convaincre de la nécessité de fonder une pépinière de professeurs & d'élémenter la science de l'enseignement : l'art si difficile de former les hommes ne sera pas précisément celui qui resteroit parmi nous sans écoles & sans maîtres : espérons que le temps nous donnera les unes & que le génie enfantera les autres.

Représentans du peuple, plus d'une fois nos regards se sont fixés avec un vif intérêt sur ces écoles ; souvent nous avons envisagé dans l'avenir, l'heureuse influence qu'elles peuvent exercer. Quelque jour leur organisation pourra être plus complète ; des sociétés nationales s'éleveront à côté d'elles & leur serviront d'appui & de moyens de développement ; leurs études, leurs examens, deviendront des épreuves nécessaires pour exercer des états ou remplir des fonctions dans la société ; c'est là que viendront se perfectionner ; c'est de là que sortiront le médecin bienfaisant, l'administrateur éclairé, l'homme de loi, défenseur de la liberté publique & des droits des citoyens ; c'est là que le physicien, le mathématicien, l'homme de lettres érudit & philosophe, se livreront à tous les développemens de ces sciences, s'éclaireront par les détails & l'habitude d'une utile expérience.

Jetez les yeux sur les siècles anciens, afin de les reporter ensuite sur le vôtre. Les murs du Portique & du Lycée se sont écroulés ; l'enceinte du Prytanée est à peine démarquée par des ruines obscures ; le voyageur fixe d'un œil consterné le lieu où se célébrèrent tant de fois les jeux olympiques ; le génie de l'éloquence erre plaintif & sans essor autour du Forum.... Le génie a abandonné ces contrées, & aussitôt leurs peuples se sont roulés dans la poussière.... Ici, représentans des Français, ici le Forum, le Portique, le Prytanée, le Lycée créateur des grands hommes, ici les sublimes institutions de la Perse & de Sparte peuvent de nouveau s'élever & s'agrandir, perfectionnées par l'expérience des siècles. Si la nature seule enfante le génie, c'est à vous qu'il appartient de l'éveiller, de lui ouvrir la carrière, de lui offrir les palmes de la gloire : accourant à votre voix, il viendra dans ces écoles allumer son feu sacré ; la Grèce renaissant de ses cendres vous envieroit vos succès : ces hommes qui ont été les flambeaux des siècles voudroient s'asseoir dans vos chaires ; Aristote quitteroit Alexandre pour venir y développer les principes des constitutions ; Platon y parleroit de la République ; Isée, Isocrate blanchi par les ans, enflammeroient le génie de Démosthène : on verroit alternativement Horace & Boileau prescrivant à Voltaire les règles de la littérature, & Cicéron lisant ses harangues à Servan, à Dupaty, à Loiseau de Mauléon : Jean-Jacques

Rousseau, son *Contrat social* à la main, voudroit herboriser dans vos jardins ; là on le verroit épancher son ame dans le sein d'Emile, & lui montrer alternativement la pervenche & la statue de la Liberté.

Représentans du peuple, quand la tombe enveloppera vos urnes funéraires, ces écoles parleront de vous aux générations qui s'avancent ; elles attesteront aux nations vos lumières, votre amour pour les sciences, les grandeurs de vos conceptions ; elles seront un monument éternel de vos bienfaits envers le genre humain, & de la majesté du peuple que vous représentez.

Voici le projet de résolution.

PROJET DE RÉSOLUTION.

Le Conseil des Cinq-Cents, après avoir entendu le rapport de ses commissions d'instruction publique & des institutions républicaines réunies, sur l'organisation des lycées ;

Après les trois lectures prescrites par l'acte constitutionnel, faites dans les séances des . . . .

Déclare qu'il n'y a pas lieu à l'ajournement, & prend la résolution suivante :

TITRE PREMIER.

Placement & composition des lycées.

ARTICLE PREMIER.

Il y a dans la République cinq écoles consacrées aux sciences mathématiques & physiques, aux sciences morales, économiques & politiques, & aux belles-lettres, réunies en des établissemens communs qui portent le nom de lycées

I I.

Ces lycées font nommés & placés ainsi qu'il suit :
Lycée du Nord, à Bruxelles;
Lycée de l'Est, à Dijon;
Lycée du Sud, à Toulouse;
Lycée de l'Ouest, à Poitiers;
Lycée du Centre, à Paris.

I I I.

Chaque lycée est divisé en quatre sections, savoir :

PREMIÈRE SECTION.

Sciences mathématiques.

Mathématiques pures . . . . 2 professeurs.
Mathématiques appliquées 1
Astronomie 1
Géométrie descriptive & théorie des arts
mécaniques 1
    Total . . . . 5 professeurs.

DEUXIÈME SECTION.

Sciences physiques.

Physique expérimentale. . . . . 1 professeur.
Chymie 1

Botanique & agriculture. 1

Zoologie & anatomie comparée 1

Minéralogie & métallurgie 1

Total . . . . 5 professeurs.

TROISIÈME SECTION.

Sciences morales & politiques.

Méthode des sciences, analyse des opérations de l'entendement. . . . . 1 professeur.

Logique & grammaire générale 1

Histoire philosophique des peuples, &
chronologie. 1

Géographie & statistique 1

Morale, droit naturel & droit public . . 1

Jurisprudence criminelle 1

Jurisprudence civile. 2

Économie politique & administration . . 1

Commerce. 1

Total . . . . 10 professeurs.

QUATRIÈME SECTION.

Belles lettres.

Théorie des beaux arts en général; &
en particulier, de l'éloquence & de la
poésie. . . . . 1 professeur.

Antiquités & langue celtique. 1

Langue & littérature latine 1

Langue & littérature grecque 1

Langues orientales 2

Belles lettres 2

Action oratoire 1

Langues vivantes analogues aux localités 2

    Total. . . . . 10 professeurs.

I V.

Il y a près de chaque lycée, une bibliothèque publique
& une collection de médailles & de monumens antiques
réunies dans le même bâtiment : les médailles & monumens antiques sont sous la surveillance du professeur d'antiquités ; la bibliothèque est confiée à un bibliothécaire
qui est de droit membre du lycée & chargé de faire un
cours de bibliographie.

Il leur est donné des adjoints lorsque le Directoire exécutif le juge convenable.

V.

Il y a près de chaque lycée un jardin de botanique &
d'agriculture sous la direction du professeur de botanique,
& un cabinet d'histoire naturelle sous celle des professeurs
de zoologie & de minéralogie. Il y a également un cabinet de physique & un laboratoire de chimie sous la direction des professeurs chargés de ces deux sciences.

V I.

Dans les communes où sont placés les lycées, l'ensei-

guement de la phyfique, de la chimie, de l'hiftoire naturelle, de la légiflation & des belles lettres, n'a lieu
que dans les écoles des lycées, fauf les exceptions que
le Directoire exécutif eft autorifé à admettre d'après la
demande des adminiftrations, auquel cas l'enfeignement fe
fait dans les écoles centrales d'une manière plus élémentaire & qui fert d'introduction à celui qui a lieu dans le
lycée.

De même, dans les communes précitées, les bibliothèques & jardins des lycées, les cabinets d'hiftoire naturelle & de phyfique, les laboratoires de chimie, qui y font
attachés, font communs aux écoles centrales fous la fur-
veillance des profeffeurs des lycées.

V I I.

Les diverfes fections du lycée de Paris font augmentées
ainfi qu'il fuit ; favoir,

La première, de deux profeffeurs de mathématiques appliquées ;

La deuxième, d'un profeffeur de phyfique ; un de géographie phyfique, un de la théorie des arts mécaniques ;

La troifième, d'un profeffeur d'Antropologie ;

La quatrième, d'un profeffeur de langue & littérature
latine, un profeffeur de langue & littérature grecque, un
profeffeur d'action oratoire.

Total . . . . 9 profeffeurs.

Le lycée de Paris n'a pas de profeffeurs de langues vivantes ni d'hiftoire naturelle, dont l'enfeignement eft l'objet
d'écoles fpéciales.

V I I I.

Dans la commune de Paris, la bibliothèque dite du

Panthéon est affectée au lycée ; il y est fait un cours d'antiquités par le professeur chargé de cette partie.

Il en est fait un second dans la bibliothèque nationale, où la chaire actuellement existante est conservée comme chaire du lycée.

X.

Les chaires du collége de France sont supprimées, & les professeurs deviennent de plein droit membres du lycée de Paris, chacun dans le genre analogue aux fonctions qu'il a remplies.

X.

Les administrations centrales sont chargées de désigner les bâtimens nationaux nécessaires pour l'établissement des lycées, & d'y ordonner les arrangemens convenables pour les leçons, les bibliothèques, cabinets, laboratoires, & les cérémonies publiques.

TITRE II.

Nomination & traitement des professeurs des lycées ; mode de leur destitution.

XI.

Chaque lycée a un arrondissement déterminé par le Directoire exécutif.

XII.

Le Directoire exécutif fixera de même l'époque de l'installation des différens lycées. Cette installation ne pourra

fe faire qu'un jour de fête nationale, & lorfque la moitié
au moins des profeffeurs fera nommée.

X I I I.

Le Directoire exécutif nommera le tiers des profeffeurs
de chaque lycée, felon la proportion de fes différentes
fections ; il ne pourra choifir que des citoyens réfidans ou
nés dans l'arrondiffement du lycée pour lequel ils feront
nommés.

X I V.

Tout citoyen qui voudra concourir pour une place de
profeffeur dans un lycée fe fera infcrire dans les deux mois
qui fuivront la promulgation de la préfente, fur un re-
giftre ouvert par l'adminiftration centrale du lieu où le
lycée eft établi, & défignera les places auxquelles il fe croit
propre.

L'adminiftration centrale formera le tableau des candidats infcrits, & l'adreffera au Directoire exécutif.

X V.

Dans les trois mois qui fuivront la nomination faite
par le Directoire exécutif du premier tiers des profeffeurs
qui doivent compofer les lycées, les citoyens élus par lui
fe réuniront au lieu fixé pour le placement du lycée, afin
de procéder à la nomination des autres profeffeurs.

X V I.

Le mode de concours ou d'examen fera déterminé par
les premiers profeffeurs élus, de manière cependant que les
candidats abfens, connus par leurs écrits ou leurs connoiffances, puiffent également être nommés aux chaires de
profeffeurs.

X V I I.

Chacun des professeurs élus sera appelé, s'il est présent, à concourir aux élections postérieures ; dans le cas où il y auroit des chaires pour lesquelles il ne se présenteroit pas des sujets réunissant toutes les qualités convenables, les chaires resteront vacantes, & il y sera pourvu selon le mode déterminé ci-après. Le lycée pourra entrer en activité lorsque la moitié des professeurs sera nommée.

X V I I I.

Lorsqu'une chaire de professeur dans un lycée vient à vaquer, le lycée en donne avis au Directoire exécutif & à toutes les administrations centrales de la République, en fixant l'époque à laquelle se fera l'examen des candidats qui se proposeront : il leur est donné au moins deux mois pour se présenter.

X I X.

Les professeurs du lycée réunis fixent le mode de concours & d'examen ; ils nomment entre eux cinq membres, dont trois au moins dans la section où la chaire se trouve vacante : ces cinq membres forment le jury chargé de l'examen.

X X.

L'examen terminé, le jury propose dans une assemblée de professeurs le candidat auquel il donne son suffrage ; si les deux tiers des membres du lycée votent pour son admission, le candidat est élu professeur.

X X I.

Dans le cas contraire, si le jury persiste dans sa pré-

fentation', les membres & le commiffaire de l'adminiftration centrale du département où eft placé le lycée font
appelés à une nouvelle affemblée de profeffeurs & votent
avec eux : la nomination fe fait à la majorité abfolue des
fuffrages.

X X I I.

Un profeffeur de lycée ne peut être deftitué que par dé-
libération de tous les profeffeurs réunis en affemblée générale.

Cette affemblée eft convoquée à cet effet un mo's à
l'avance par le préfident du lycée. Le profeffeur inculpé
a le droit d'y être entendu. Celui des membres du lycée
qui s'abfente de cette affemblée eft tenu de lui faire part
de fes motifs, & de s'y rendre fi l'affemblée ne les ad-
met pas.

X X I I I.

Nulle affemblée des membres du lycée, pour délibérer
fur la deftitution d'un profeffeur, ne peut être convoquée
que fur la demande écrite de dix profeffeurs, ou d'une
autorité conftituée de la commune où eft placé le lycée,
ou du Directoire exécutif.

X X I V.

Le Directoire exécutif a le droit de fufpendre de leurs
fonctions un ou plufieurs profeffeurs du lycée. Dans ce cas
le commiffaire du pouvoir exécutif près l'adminiftration
centrale du département où fe trouve le lycée fait con-
voquer dans un mois l'affemblée des profeffeurs, & il y
affifte avec les membres de l'adminiftration centrale, fans
que toutefois ils aient le droit de concourir aux déli-
bérations.

X X V.

Lorfqu'il exifte un arrêté de fufpenfion porté contre un

professeur , l'assemblée générale du lycée ne peut pas s'ajourner à plus d'un mois.

Dans le cas où l'assemblée décide qu'il n'y a pas lieu à destitution, le professeur suspendu reprend ses fonctions.

X X V I.

Le traitement de professeur d'un lycée est double de celui accordé aux membres de l'administration centrale du lieu de leur placement ; ce traitement est payé de même que celui des fonctionnaires salariés par le trésor public.

T I T R E I I I.

Prix & encouragemens.

X X V I I.

Tous les ans chaque lycée propose & distribue, s'il y a lieu, quatre prix, dont les sujets sont choisis par chacune des classes du lycée, & publiés six mois d'avance au moins dans toute la République.

X X V I I I.

Nul n'est admis à obtenir ce prix, s'il n'est ou n'a été instituteur ou professeur dans les écoles primaires ou centrales, s'il n'a suivi trois ans les cours d'un lycée, ou s'il n'a remporté deux prix dans une école centrale.

X X I X.

L'administration centrale du lieu où est placé le lycée envoie à toutes les écoles centrales de la République les procès-verbaux des séances du lycée qu'il y a lieu d'imprimer, de même que les ouvrages couronnés qu'il juge convenable de publier.

X X X.

Tous les ans il est décerné, au moins, un prix pour chaque cours du lycée, dont le sujet, ainsi que le mode de concours, sont fixés par les sections respectives. Les élèves qui ont suivi les cours pendant l'année sont seuls admis à obtenir ces prix.

X X X I.

La distribution des divers prix & encouragemens accordés dans le lycée a lieu le jour de la fête nationale qui précède immédiatement les vacances, pour les prix accordés aux élèves, & le jour de la rentrée publique, pour ceux créés par l'article XXVII.

X X X I I.

Chaque élève paie une rétribution de 5o francs par an : le conseil d'administration de l'école exempte de cette obligation au moins un quart des élèves pour cause d'indigence. Tout élève qui a remporté un prix dans le lycée en est également dispensé.

X X X I I I.

Les rétributions payées par les élèves forment une caisse particulière affectée à l'achat des prix à distribuer chaque année.

TITRE IV.

Dispositions générales.

X X X V.

Nul ne peut être profeſſeur dans un lycée, s'il n'eſt citoyen français, âgé de vingt-cinq ans accomplis.

X X X V I.

Les fonctions de profeſſeur de lycée ſont incompatibles avec toute autre fonction publique, excepté avec les fonctions relatives à l'enſeignement, ſous l'autoriſation du Directoire exécutif.

Dans le cas où un profeſſeur ſeroit appelé à remplir les fonctions de membre du Corps légiſlatif ou du Directoire exécutif, il peut ſe faire remplacer proviſoirement, & alors il préſente ſon remplaçant, qui doit être agréé par la majorité des profeſſeurs.

L'acceptation de toute autre fonction ou emploi public eſt regardée comme une abdication des fonctions de profeſſeur.

X X X V I I.

Aucun profeſſeur de lycée ne peut faire de cours particuliers, ſous quelque prétexte que ce ſoit; celui qui contreviendroit à cette diſpoſition ſeroit cenſé avoir abdiqué ſes fonctions.

X X X V I I I.

Nul ne peut être admis à ſuivre les cours d'un lycée en qualité d'élève, s'il n'a ſuivi deux ans au moins les cours d'une école centrale.

′X X X V I X.

Les membres du lycée élifent chaque année un préfident, un fecrétaire, & trois membres qui forment avec les deux premiers le confeil d'adminiftration de l'école. Ils reçoivent une indemnité égale au fixième de leur traitement.

X L.

Les profeffeurs des lycées portent à leurs leçons & dans les cérémonies publiques le coftume qui leur eft donné par la loi.

X L I.

Les profeffeurs des lycées déterminent les réglemens particuliers de l'école : ils font foumis à l'approbation du Directoire exécutif.

X L I I.

La préfente réfolution fera imprimée ; elle fera portée au Confeil des Anciens par un meffager d'état.

A PARIS, DE L'IMPRIMERIE NATIONALE.

Frimaire an 7.

www.ingramcontent.com/pod-product-compliance
Ingram Content Group UK Ltd.
Pitfield, Milton Keynes, MK11 3LW, UK
UKHW021646090726
13657UKWH00004B/1782